Volker Rosin

Turnen macht Spaß

16 neue Kinderhits fürs Eltern-Kind-Turnen

MOON RECORDS
Lieder für Kinder

MOON RECORDS-Verlag
Werftstraße 20-22, 40549 Düsseldorf
ISBN 3-925079-75-0

Zu diesem Liederbuch ist die gleichnamige CD
„Turnen macht Spaß"
erhältlich bei:

MOON RECORDS-Verlag
Werftstraße 20-22 • 40549 Düsseldorf
Telefon (0211) 5623-575 • Telefax (0211) 5623-576
Internet: www.rosin.de

2. Auflage 2002

Umschlagzeichnung: Ines Rarisch, Düsseldorf
Notensatz: Dieter Denzer, Bad Wünnenberg
Druck u. Gesamtherstellung: Druckerei + Verlag Kurt Eilbracht GmbH & Co. KG, 32584 Löhne

Printed in Germany

ISBN 3-925079-75-0

Inhaltsverzeichnis **Seite**

1. Alle Schäfchen machen Böckchen	5
2. Das singende Känguru	7
3. Regentropfen hüpfen	9
4. Die Eule tanzt	10
5. Omas Stricktanz	12
6. Es geht nichts über die Gemütlichkeit	14
7. Ich tanz heut Nacht im Schloß herum	16
8. Laufen hält uns fit	17
9. Ich freue mich (weil ich Turnen mag)	19
10. Der Gorilla mit der Sonnenbrille	20
11. Die Maus auf Weltraumreise (Ich habe eine Maus gesehn)	21
12. Das Lied über mich (Ich hab Hände, sogar zwei)	22
13. Das Kamel tanzt gern Cha Cha Cha	24
14. Wir fliegen um die ganze Welt	26
15. Ich treib gerne Sport (Turn-Version)	28
16. Herzlichen Glückwunsch	31
17. Gitarrengriffe	33

Alle Schäfchen machen Böckchen

1.
Alle Schäfchen machen Böckchen,
hüpfen hin und her,
hin und her - kreuz und quer.
Alle Schäfchen machen Böckchen,
hüpfen hin und her,
hin und her und kreuz und quer.
Und wir klatschen in die Hände,
und wir wackeln mit dem Po.
Das macht allen Schäfchen Freude
und den Kindern sowieso.

2.
Alle Schäfchen machen Böckchen
nur auf einem Bein,
raus und rein - querfeldein.
Alle Schäfchen machen Böckchen
nur auf einem Bein,
raus und rein und querfeldein.
Und wir klatschen in die Hände,
und wir wackeln mit dem Po.
Das macht allen Schäfchen Freude
und den Kindern sowieso.

3.
Alle Schäfchen machen Böckchen,
wollen Fahrrad fahr'n,
ganz spontan - alle fahr'n.
Alle Schäfchen machen Böckchen,
wollen Fahrrad fahr'n,
ganz spontan und alle fahr'n.
Und wir klatschen in die Hände,
und wir wackeln mit dem Po.
Das macht allen Schäfchen Freude
und den Kindern sowieso.

4.
Alle Schäfchen machen Böckchen,
legen sich zur Ruh,
ich und du - Augen zu.
Alle Schäfchen machen Böckchen,
legen sich zur Ruh,
ich und du und Augen zu.
Und wir klatschen in die Hände,
und wir wackeln mit dem Po.
Das macht allen Schäfchen Freude
und den Kindern sowieso.

5.
Alle Schäfchen machen Böckchen,
hüpfen hin und her,
hin und her - kreuz und quer.
Alle Schäfchen machen Böckchen,
hüpfen hin und her,
hin und her und kreuz und quer.
Und wir klatschen in die Hände,
und wir wackeln mit dem Po.
Das macht allen Schäfchen Freude
und den Kindern sowieso.

Spielidee

Wir machen es den kleinen Schäfchen einfach nach:

1. Strophe: Hüpfen und mit dem Popo wackeln
2. Strophe: Auf einem Bein springen
3. Strophe: Auf dem Boden liegend "Fahrrad fahren"
4. Strophe: Auf dem Boden liegend ausruhen
5. Strophe: Hüpfen

Das singende Känguruh

2. Die Bühne bebt, es wackelt die Wand.
Zum Schlüß kommt noch der Elefant gerannt.
Jetzt greift das Känguruh zum Mikrofon:
Es wackelt mit dem Beutel und singt den ersten Ton.

3. Das Känguruh ist heut` gut in Form.
Es tanzt und springt, das ist ganz enorm.
Und selbst die Wärter, die machen jetzt mit:
Sie wiegen sich im Walzerschritt.

Spielidee:
Beim Refrain halten wir die Hand abwechselnd ans rechte und linke Ohr und hüpfen wie ein Känguruh. Bei den Strophen stampfen wir zunächst mit den Füßen auf und rufen in den Pausen kräftig „Hey,hey,hey". Affen und Pinguine werden mit entsprechenden Bewegungen dargestellt. Nach der dritten Strophe fassen wir uns wie ein Tanzpaar an und drehen uns im Walzertakt im Kreis.

Regentropfen hüpfen

2. Regentropfen schlenkern die Arme auf und nieder,
Regentropfen schlenkern den lieben langen Tag.
Regentropfen schlenkern und schlenkern immer wieder,
Regentropfen haben den ganzen Tag nur Spaß.
Wir klatschen in die Hände . . .

3. Regentropfen drehen ihre Beine wie ein Fahrrad,
Regentropfen drehen den lieben langen Tag.
Regentropfen drehen und drehen immer wieder,
Regentropfen radeln wohl durch die ganze Stadt.
Wir klatschen in die Hände . . .

Spielidee:
Die Spielidee ergibt sich schon aus dem Text des Liedes: In der ersten Strophe hüpfen und in der zweiten Strophe mit den Armen schlenkern. Zum Schluß auf dem Rücken liegend die Beine hochhalten und „wie ein Fahrrad“ drehen. Im zweiten Teil klatschen wir und stampfen mit den Füßen auf den Boden. Im Winter kann man dieses Bewegungslied natürlich auch als „Schneeflocken hüpfen“ spielen und tanzen.

Die Eule tanzt

1.
Sie winkt jetzt mit dem Flügeln,
links - rechts - links.
Sie kann sich kaum noch zügeln,
hey, das bringt's.
Sie klappert mit den Augen,
könnt ihr's sehn?
Wenn alle jetzt noch klatschen würden,
das wäre schön.

2.
Sie will sich jetzt mal recken,
eins - zwei - drei,
sich bis zur Sonne strecken,
nichts dabei.
Sie wackelt mit dem Hinterteil,
könnt ihr's sehn?
Wenn alle jetzt noch klatschen würden,
das wäre schön.

3.
Mit ihren Fingerspitzen,
hey - hey - hey,
will sie den Nachbarn kitzeln,
hey - hey - hey.
Und dann noch mit den Ohren wackeln,
könnt ihr's sehn?
Wenn alle jetzt noch klatschen würden,
das wäre schön.

Refrain
Die Eu- die Eu- die Eule tanzt,
sie will euch jetzt begrüßen.
Mit einem kleinen Eulentanz,
jedoch nicht mit den Füßen.
Die Eu- die Eu- die Eule tanzt,
sie sitzt schon auf dem Ast.
Und jeder macht jetzt einfach mit.
Achtung, aufgepaßt!

Spielidee:

So ein Eulentanz ist ganz einfach. Macht einfach die im Lied beschriebenen Bewegungen mit.

1. *Strophe: Finger schnippen, Arme bewegen und mit den Augen klappern*
2. *Strophe: Arme recken und strecken und mit dem Po wackeln*
3. *Strophe: Fingerspitzen zeigen, Nachbarn kitzeln und mit den Händen an den Ohren wackeln.*

Beim Refrain machen wir mit beiden Daumen und Zeigefingern „Eulenaugen“, winken mit den Händen, zeigen die Füße und klatschen mit.

Oma's Stricktanz

2.
Das Stricken ist doch einfach, das Stricken ist nicht schwer.
Schaut nur her, schaut nur her, schaut nur her.
Wie Oma's Nadeln tanzen. Mal hin und auch mal her.
Hin und her, hin und her, hin und her.

3.
Die Nadeln klappern schneller, sie klappern ohne Ruh'.
Immerzu, immerzu, immerzu.
Denn Oma wird nicht müde. Genau wie ich und du.
Ich und du, ich und du, ich und du.

Spielidee:
Wir stehen im Kreis, durchgefaßt. Im ersten Teil gehen wir rechts herum, dann links herum. Beim Refrain zeigen die Arme mit den Zeigefingern nach rechts und links, bei „fallenlassen" in die Hocke. Beim zweiten Teil des Refrains gehen wir durchgefaßt in die Mitte und wieder zurück. Alternativ haken wir uns beim Nachbarn ein und drehen uns tanzend im Kreis.

Es geht nichts über die Gemütlichkeit

1.
Es geht nichts über die Gemütlichkeit,
ah ja, ja so.
Wenn der Peter mit der Rosi übern Tanzboden schleicht,
ah ja, ja so.

Refrain
Fiderie, fidera, fideralala,
fiderie, fidera, fideralala,
ah ja, ja so,
ah ja, ja so.

2.
Es geht nichts über die Gemütlichkeit,
ah ja, ja so.
Wenn der Papa mit der Mama übern Tanzboden schleicht,
ah ja, ja so.

3.
Es geht nichts über die Gemütlichkeit,
ah ja, ja so.
Wenn der Opa mit der Oma übern Tanzboden schleicht,
ah ja, ja so.

Spielidee:
Bei den Strophen fassen sich jeweils zwei Kinder als Tanzpaar an und bewegen sich frei im Raum. Bei „Ah ja“ machen sie eine Verbeugung zum Partner hin und bei „ja so“ stupsen sie sich gegenseitig mit dem Po an. Bei „Fideri...“ springt jedes Kind in die Höhe und „wirft“ abwechselnd das rechte und das linke Bein vom Körper ab.
Eine weitere Möglichkeit: Alle Kinder bilden einen Kreis. Während ein Paar in der Mitte die Bewegungen vormacht, gehen die Kinder abwechselnd rechts und links herum. Bei „Ah ja“ machen alle eine Verbeugung zu dem Tanzpaar hin.

Ich tanz heut nacht im Schloß herum

2. Was ist denn das? Was hör ich da?
Bimmel-Bammel-Bum.
Da ist doch jemand? Wer ist da?
Bimmel-Bammel-Bum.
Ich bin ein andres Schloßgespenst,
das du wohl noch gar nicht kennst.
Bimmel-Bammel-Bum
ich spuk im Schloß herum.

3. Wir tanzen nun zu zweit herum,
Bimmel-Bammel-Bum,
und später kommt, das ist nicht dumm,
Bimmel-Bammel-Bum,
ein kleines Babyschloßgespenst,
das du wohl noch gar nicht kennst.
Bimmel-Bammel-Bum,
es spukt im Schloß herum.

Spielidee:

Die Kinder laufen durchgefaßt im ersten Teil rechtsherum und machen bei „Bum“ einen kleinen Sprung; beim zweiten Teil linksherum, mit Sprung. Im dritten Teil tanzt ein Kind als Gespenst in den Kreis. Bei „Bimmel-Bammel-Bum“ im letzten Teil trampeln die Kinder mit den Füßen, und das „Gespenst“ erschreckt einzelne Kinder. Bei der zweiten Strophe kommt ein neues Gespenst hinzu. Beide Gespenster suchen sich zur dritten Strophe ihr Gespensterkind aus.

Laufen hält uns fit

Eins, zwei, drei und vier,
seid ihr alle hier?
Fünf, sechs, sieben, acht,
seid ihr aufgewacht?
Neun, zehn, elf und zwölf,
hey, jetzt geht es ran,
wir fangen heut' mit Spaß die Stunde an.

1.
Achtung Kinder, passt gut auf,
wir laufen jetzt im Dauerlauf.
Die Halle ist uns viel zu klein.
Wir würden lieber draußen sein.
Macht doch mit, macht doch mit,
laufen hält uns fit, na klar!

2
Achtung Kinder, hopp, hopp, hopp,
wir laufen jetzt im Seitgalopp.
Das macht Spaß und ist nicht schwer,
im Galopp geht 's hin und her.
Macht doch mit, macht doch mit,
laufen hält uns fit, na klar!

3.
Achtung Kinder, seht mal an,
wir laufen jetzt im Entengang.
Passt gut auf und fallt nicht um,
so geht 's immer rundherum.
Macht doch mit, macht doch mit,
laufen hält uns fit, na klar!

4.
Achtung Kinder, jetzt geht 's rund,
denn wir laufen wie ein Hund.
Auf vier Pfoten, das ist schön,
wie die Hunde Gassi gehn.
Macht doch mit, macht doch mit,
laufen hält uns fit, na klar!

5.
Achtung Kinder, ruht euch aus,
aber geht noch nicht nach Haus'.
Denn es geht schon wieder los,
auf die Plätze, fertig, los!
Macht doch mit, macht doch mit,
laufen hält uns fit, na klar!

Spielvorschlag:

Bei diesem Lied können sich die Kinder in den Grundbewegungsarten mal so richtig austoben.
Durch die Halle: Laufen, seitgaloppieren, hockegehen und krabbeln auf allen Vieren. Wem fallen noch mehr Möglichkeiten der Fortbewegung ein?
z.B. können wir noch wie eine Schlange schlängeln usw.

Zwischendurch gibt`s eine Ruhephase zum Luftholen, um neue Kräfte zu sammeln.

Ich freue mich (weil ich Turnen mag)

Refrain
Ich freue mich, ich freue mich
über diesen Tag.
Ich freue mich, ich freue mich,
weil ich Turnen mag.

1.
Seht mal wie ich tanzen kann.
Grad' so wie ein Hampelmann.
Kann mich auch im Kreise dreh'n.
Willst du mit mir geh'n?

2.
In die Hocke, eins, zwei, drei.
Jeder ist mit Spaß dabei.
Dann ein Sprung, so hoch es geht,
bis die Halle bebt.

3.
Alle gehen Fuß an Fuß,
denn wir sind kein Autobus.
Wackeln mit dem Hinterteil,
eins, zwei, drei, juchei!

Spielvorschlag:

Hier gibt es nicht viel zu erklären. Macht einfach alle Bewegungen, die im Lied angesprochen werden, nach: Hampelmann, Kreis drehen, Hocke und Sprung.

Danach machen wir alle eine lange Reihe und wackeln mit dem Po.

Der Gorilla mit der Sonnenbrille

2. Der Gorilla mit der Sonnenbrille,
uhh-la-la,
liebt es laut, und nicht die Stille,
uhh-la-la.
Drum gehn sie in die Disco beide,
uhh-la-la,
Bille trägt ein Kleid aus Seide,
uhh-la-la.
Refrain

3. Der Gorilla mit der Sonnenbrille,
uhh-la-la,
braucht zum Tanzen keine Pille,
uhh-la-la.
Denn will er einen Mambo bringen,
uhh-la-la,
läßt er seine Beine schwingen,
uhh-la-la.
Refrain

4. Der Gorilla mit der Sonnenbrille,
uhh-la-la,
macht bei Bille killekille,
uhh-la-la.
Dann nimmt er sie in seine Arme,
uhh-la-la,
sie ist seine Herzensdame,
uhh-la-la!
Refrain

Spielvorschlag:
In den Strophen zeigen wir mit unseren Händen die „Sonnenbrille“ und winken bei „Ulalala“ mit den Armen über dem Kopf. Beim Refrain schauen wir zunächst mit den Händen an den Augen nach links und rechts. Danach, mit den Händen an den Knien, zappeln unsere Gummibeine“. Zum Schluß drehen wir uns im Kreis, allein oder zu zweit. Bei der letzten Strophe kitzeln wir uns am Kinn und umarmen und drücken uns.

Die Maus auf Weltraumreise

2. Die Batterie-rie-rie
   als Energie-gie-gie.
3. Das Mikrofon-fon-fon
   ist für den Ton-ton-ton.
4. Auch etwas Speck-Speck-Speck
   kommt ins Gepäck-päck-päck.
5. Und etwas Sekt-Sekt-Sekt,
   weil der gut schmeckt-schmeckt-schmeckt.

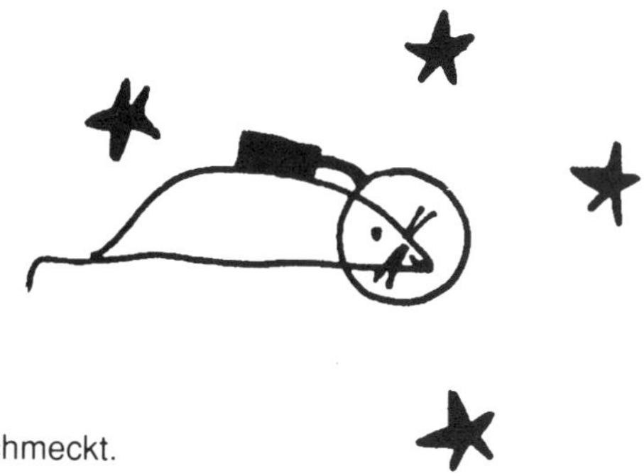

Spielidee:

1. Zunächst wird die Melodie A und die 1. Strophe gesungen, danach die Melodie A und die 2. und 1. Strophe, danach Melodie A und 3.,2.,1. Strophe usw. Zum Schluß werden also alle 5 Strophen von der 5. bis zur 1. wiederholt.

2. Vielleicht denkt ihr Euch ja selbst noch einige Sachen aus, die die Maus auf ihre Weltraumreise mitnehmen kann. Das dürfen auch Sachen sein, die in Wirklichkeit nicht möglich wären.

Das Lied über Mich!

Refrain:
Ich hab' Hände, sogar zwei,
und auch Haare, mehr als drei.
Ich hab' einen runden Bauch
und 'ne Nase hab' ich auch.
Ich hab' links und rechts ein Bein
und ein Herz, doch nicht aus Stein.
und jetzt winke ich dir zu:
Hallo du, du, du!

2.
Es gibt Lieder über Autos,
brum, brum, brum.
Und auch Lieder über Bienen,
sum, sum, sum.
Nur das eine Lied, das gibt's noch nicht,
und das ist das Lied über mich!

3.
Es gibt Lieder über's Lachen,
ha, ha, ha.
Und auch Lieder über's Schimpfen,
na na na.
Nur das eine Lied, das gibt's noch nicht,
und das ist das Lied über mich!

4.
Es gibt Lieder über's Trinken,
gluck, gluck, gluck.
Und auch Lieder über's Hühnchen,
tuck tuck tuck.
Nur das eine Lied, das gibt's noch nicht,
und das ist das Lied über mich!

Spielvorschlag:

Beim Singen zeigen wir auf die angesprochenen Körperteile und winken uns zum Schluß zu. In den Strophen machen wir dann „Hund", „Katze" usw. nach. Danach gibt es eine verneinende Bewegung, bevor wir anschließend voller Stolz auf uns selber zeigen.

Variante: Zwei Kinder sitzen sich gegenüber und spielen „das Lied über Dich": „Du hast Hände sogar zwei... usw.).

Das Kamel tanzt gern Cha–cha–cha

Refrain:
Das Kamel, das Kamel
tanzt gern Cha–cha–cha.
Schau mal, wie es die Hüften schwingt.
Das Kamel, das Kamel
tanzt gern Cha–cha–cha,
weil dieser Tanz viel Freude bringt.

1.
Der rechte Fuß, der linke Fuß –
nach vorne und zurück.
Das ist der ganze Trick,
das ist der ganze Trick.
Ja, so tanzt man Cha–cha–cha
und alle tanzen mit!

2.
Der rechte Arm, der linke Arm –
mal hin und auch mal her.
Das ist doch wohl nicht schwer,
das ist doch wohl nicht schwer.
Ja, so tanzt man Cha–cha–cha
und alle schauen her.

3.
Das rechte Bein, das linke Bein –
so hüpft es ganz galant.
Das ist ja allerhand,
ja, wirklich allerhand.
Ja, so tanzt man Cha–cha–cha
ganz außer Rand und Band.

Spielvorschlag:

Alle Kinder in der Reihe fassen sich an den Schultern an und laufen im Raum hintereinander her. Bei „Cha-Cha-Cha" bleiben wir stehen und schwingen mit der Hüfte (Po wackeln). Dann machen wir die im Text angegebenen Bewegungen mit: Rechter Fuß, linker Fuß - vor und zurück. Rechter Arm, linker Arm - hin und her. Rechtes Bein, linkes Bein - hin und her hüpfen.

Zum Schluß im Rhythmus klatschen.

Wir fliegen um die ganze Welt

1.
Wir fliegen nach Amerika,
nach Amerika.
Wir fliegen nach Amerika,
nach Amerika.

Good morning boys and girls
good morning boys and girls
good morning, good morning,
good morning boys and girls.

2.
Wir fliegen jetzt nach Rußland,
jetzt nach Rußland.
Wir fliegen jetzt nach Rußland,
jetzt nach Rußland.

Oh Kalinka, kalinka, kalinka, maja,
oh Kalinka, kalinka, kalinka, maja,
oh Kalinka, kalinka, kalinka, maja,
oh Kalinka, kalinka, kalinka, maja.

3. Wir fliegen jetzt nach Japan,
jetzt nach Japan.
Wir fliegen jetzt nach Japan,
jetzt nach Japan.

Will sil allel Jalpanel,
will sil allel Jalpanel,
will sil allel Jalpanel,
will sil allel Jalpanel.

4.
Wir fliegen jetzt nach Österreich,
jetzt nach Österreich.
Wir fliegen jetzt nach Österreich,
jetzt nach Österreich.

Hoch auf den Bergen, da klingt es so:
Hollahiha hollaho.
Heut' sind wir lustig, heut' sind wir froh,
hollahihaho.

5.
Wir fliegen jetzt nach Hause,
jetzt nach Hause.
Wir fliegen jetzt nach Hause,
jetzt nach Hause.

Spielidee

Beim Refrain jeweils mit ausgebreiteten Armen durch den Raum "fliegen".
1. Strophe: Wir gehen herum und begrüßen uns freundlich.
2. Strophe: Wir tanzen in der Hocke einen Kasatschok.
3. Strophe: Wir begrüßen uns auf Japanisch "Sayonara".
4. Strophe: Wir tanzen und Schuhplatteln.

Ich treib gerne Sport (Turn-Version)

Refrain
Ich treib gerne Sport,
scha la la la la,
und das an jedem Ort,
scha la la la la la.
In meinem Sportverein,
scha la la la la,
werde ich sicher bald der Champion sein,
Champion sein!
All' meine Freunde,
scha la la la la,
sagen nur ich träume,
scha la la la la la.
Doch eines Tages,
scha la la la la,
werde ich ganz bestimmt der Champion sein,
Champion sein!

1.
Durch die Halle laufen -
alle haben hier doch Platz genug.
Ab und zu verschnaufen -
dann geht 's weiter, macht doch mit, nur Mut!

Wie ein Hase springen -
das kann jedes Kind ganz sicherlich.
Faul sein und nichts bringen -
nein, oh nein, das ist doch nichts für mich!
Nichts für mich! Nichts für mich!

2.
Fasst euch an die Hände -
bildet alle einen großen Kreis.
Dann geht 's bis zum Ende
einfach rundherum, wie jeder weiß!
Wie jeder weiß!

Spielvorschlag:

Beim Refrain machen alle eine lange Polonaise und singen lauthals mit „Sha-la-la-la-la“.

Bei den Strophen laufen wir ungeordnet durch die Halle, hüpfen und springen und toben uns richtig aus.

Beim Instrumentalteil der zweiten Strophe bilden wir einen Kreis und dann geht’s rundherum.

Herzlichen Glückwunsch

(Geburtstagslied)

1.
Vor 'n paar Jahren, wie bestellt,
kam ein Baby auf die Welt.
Ohne Zähne, ohne Schuh',
kaum zu glauben, das warst du!
Hast geweint und hast gelacht,
manche Windel vollgemacht.
Heute tust du das nicht mehr,
herzlichen Glückwunsch!

Refrain
Herzlichen Glückwunsch,
herzlichen Glückwunsch!
Du bist das Geburtstagskind,
herzlichen Glückwunsch!
Herzlichen Glückwunsch,
herzlichen Glückwunsch!
Du bist das Geburtstagskind,
herzlichen Glückwunsch!

2.
Deine Freunde stehen hier,
und wir gratulieren dir.
Weil du heut' Geburtstag hast,
herzlichen Glückwunsch!
Und an diesem schönen Tag
sagt ein Jeder, der dich mag:
"Du bist toll, so wie du bist,
herzlichen Glückwunsch!"

3.
Und wir wünschen dir vom Glück
heute auch das größte Stück.
Doch der größte Wunsch, der bleibt-
Gesundheit und Zufriedenheit.

Spielidee:

An diesem Jubeltag darf sich das Geburtstagskind natürlich alle Bewegungsspiele aussuchen. Hüpfen, Springen, Toben - alles ist erlaubt.

Zur Feier des Tages gibt's natürlich auch eine Polonaise. Oder wie wär's mal wieder mit ein paar alten Bewegungsliedern, wie „Laurentia" oder „Rucki Zucki"?

Den Erwachsenen fallen bestimmt eine Menge Vorschläge dazu ein! Mit ein paar kleinen Änderungen am Text läßt sich dieses Lied natürlich auch ganz individuell für Opa Karl, Tante Luzi oder wen auch immer singen. Laßt Eurer Phantasie freien Lauf.

Die wichtigsten Griffe (zum Transponieren)

TONART	Tonika 1. Stufe	Subdominante 4. Stufe	Dominant-Septime 5. Stufe	Moll-Parallele der Tonika 6. Stufe
C	C	F	G^7	Am
D	D	G	A^7	II Hm
E	E	A	H^7	IV C♯m
F	F	B♭	C^7	Dm
G	G	C	D^7	Em
A	A	D	E^7	II F♯m
H	II H	E	II F♯7	IV G♯m

1 = Zeigefinger
2 = Mittelfinger
3 = Ringfinger
4 = kleiner Finger